Richard Strauss

SALOME
In Full Score

Peter Racine Fricker.
Santa Barbara.
August. 1982.

Dover Publications, Inc.
New York

This Dover edition, first published in 1981, is a republication of the work (original edition of the orchestral score) originally published by Adolph Fürstner, Berlin, in 1905. The copy of the score reproduced here is No. 120 of a limited edition, signed by the publisher on August 8, 1916 and inscribed "für Herrn General-Musikdirektor Dr. Richard Strauss."

For reasons of space the original German-language preliminary text had to be omitted, and only an English translation (specially prepared for the present edition) could be included.

The publisher is grateful to the Sibley Music Library of the Eastman School of Music, Rochester, N.Y., for making this especially rare volume available for reproduction.

International Standard Book Number: 0-486-24208-0
Library of Congress Catalog Card Number: 81-67728

Manufactured in the United States of America
Dover Publications, Inc.
180 Varick Street
New York, N.Y. 10014

Translation of original German title page (partial).

To my friend Edgar Speyer.

Salome.
Drama in One Act
Translated into German by Hedwig Lachmann
from Oscar Wilde's Play of the Same Name.

Music by
Richard Strauss.
Op. 54.
Orchestral Score.

Side 1 — p. 79.
Side 2 — p. 174.
Side 3 — p. 289.

Salome's Dance 202

Characters

Herodes (Herod)	Tenor
Herodias	Mezzo Soprano
Salome	Soprano
Jochanaan (John the Baptist)	Baritone
Narraboth	Tenor
One of Herodias' Pages	Contralto
5 Jews	4 Tenors, 1 Bass
2 Nazarenes	Tenor, Bass
2 Soldiers	Basses
A Cappadocian	Bass
A Slave	

Instrumentation

[indicating the German terms used in the score
(and their abbreviations)]

16 First Violins [Viol. I], 16 Second Violins [Viol. II], 10–12 Violas [Br(atschen)], 10 Violoncellos [Celli], 8 Double Basses [Bässe (C.B.)].

Piccolo [kl(eine) Fl(öte)], 3 Flutes [gr(osse) Fl(öten)].

2 Oboes [Hob(oen)], English Horn [Engl(isch) Horn], Heckelphone [Heckelphon], E-flat Clarinet [Es-Clar(inette)], 2 Clarinets in A [A-Clar(inetten)], 2 Clarinets in B-flat [B-Clar(inetten)], Bass Clarinet in B-flat [Basscl(arinette in) B], 3 Bassoons [Fag(otte)], Contrabassoon [Contrafag(ott)].

6 French Horns [Horn/Hörner], 4 Trumpets [Tr(om)p(eten)], 4 Trombones [Pos(aunen)], Bass Tuba [(Bass)tuba].

4 Kettledrums [(gr.) Pauke(n)] (1 performer), 1 small Kettledrum [kl(eine) Pauke] (1 performer).

Gong [Tamtam], Cymbals [Becken], Bass Drum [gr(osse) Tr(ommel)], Snare Drum [kl(eine) Tr(ommel)], Tambourine [Tamburin], Triangle [Triangel], Xylophone [Holz(- und Stroh)instr(ument)], Castanets [Castag(netten)], Glockenspiel (6–7 performers).

2 Harps [Harfen].

Celesta.

Harmonium and Organ [Orgel] (offstage).

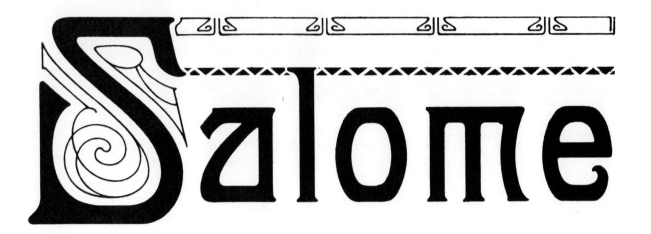

Salome

von

Richard Strauss.

Op. 54.

Original front cover of the paper wrapper.

Salomè.

Die Bühne stellt eine grosse Terrasse im Palast des Herodes, die an den Bankettsaal stösst, dar. Einige Soldaten lehnen sich über die Brüstung. Rechts eine mächtige Treppe, links im Hintergrunde eine alte Cisterne mit einer Einfassung aus grüner Bronze. Der Mond scheint sehr hell.

Erste Scene.

Richard Strauss, Op. 54.

Narraboth.
Wie schön ist die Prinzes-sin Sa-lo-me _____ heu-te Nacht!

Page.
Sieh' die

Zweite Scene.

21

O, wie ich diese Rö - mer has - se!

Schreck - liches wird geschehn. Warum siehst du sie so an?

28

Zweiter Soldat.

Prinzessin, der Tetrarch dul-det nicht, dass ir-gend wer___ mit ihm spricht. Er hat selbst dem Hohenpriester ver-bo-ten, mit ihm zu sprechen.

(immer heftiger)

Salome. wün-sche, mit ihm zu sprechen   Ich will mit ihm sprechen...   Bringt diesen Pro-phe-ten her.

Zweiter Soldat. Es ist un-möglich, Prin-zessin.

accelerando - - - - - - -

46

Dritte Scene.

allmählich noch fliessender.

allmählich noch fliessender.

Sie sind wie die schwarzen Höh - len, wo die Drachen hau-sen! Sie sind wie schwarze Seen, aus de-nen ir-res Mond - licht

"Long Scene" Part 2

74

Fü - sse der Däm-merung auf den Blättern, nicht die Brüs-te des Mon-des auf dem Mee - re, nichts ___ in der Welt ist so weiss ___ wie dein Leib.

101
wieder ruhiger werden.
kl. Flöte.
1.
3 gr. Fl.
2.3.
2 Hob.
engl. Horn.
Heckelphon.
Es-Clar.
2 A-Clar.
2 B-Clar.
Bassel. (B)
1.2.
3 Fag.
3.
Contrafag.
1.2.
6 Hörner (E)
3.4.
5.6.
1.2.
4 Trp. (E)
3.4.
1.2.
4 Pos.
3.4.
Basstuba.
kl. Trommel.
Salome.
cresc.
dim.
espr.
(Dämpfer weg)
wi-der-li-cher Din-ge. Er ist grässlich, dein Leib ist gräss-lich. In dein Haar
101
wieder ruhiger werden.
Viol. I.
Viol. II.
Br.
Celli.
C. B.
pizz.
arco

(ex 15a, Salome)

100

'long scene' 3rd section.

135
molto ritard.
breiter
maestoso (aber noch immer etwas lebhaft)
2 Hob.
engl Horn.
Heckelphon.
2 A-Clar.
2 B-Clar.
Basscl. (B)
3 Fag.
Contrafag.
6 Hörner (F)
1.2. Trp. (C)
4 Pos.
Pauken.
Tamtam.
Jochanaan.
bücke dich zu seinen Füs-sen, dass er dir deine Sün - den ver - ge -
Viol. I.
Viol. II.
(3 Soli.) Br. (die übrigen.)
(1.2.3. Pult) Celli. (4.5. Pult)
C.B.
G Saite
espr.
cresc.
arco
pizz.

end of "long scene". Orchestral Interlude. ("Salome's thoughts and yearnings.") (to p.126)

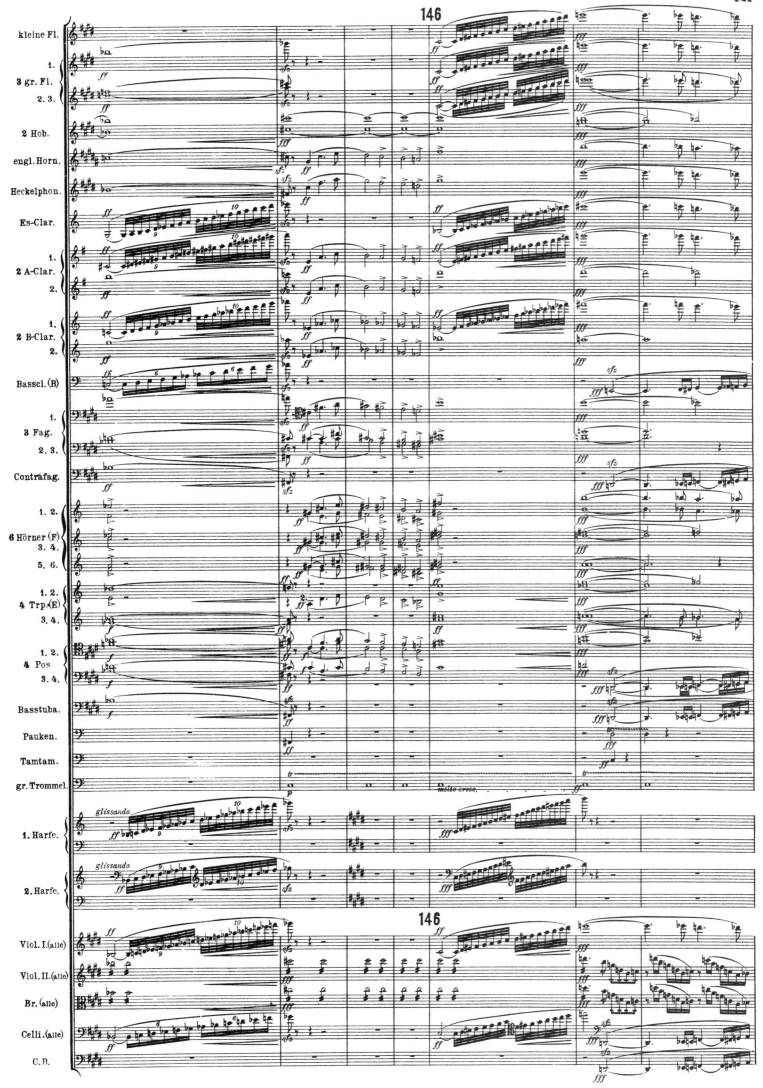

poco ritenuto   a tempo (sehr schnell).

149

*)Wenn der Contrafagottist nicht vorzüglich, ist die ganze Solostelle (eine Oktave tiefer)
vom ersten Fagott auszuführen bis Ziffer 152.

ex 3. (uproar at banquet)

Vierte Scene.
etwas lebhafter.

155

133

156

(at 27a Herodias)

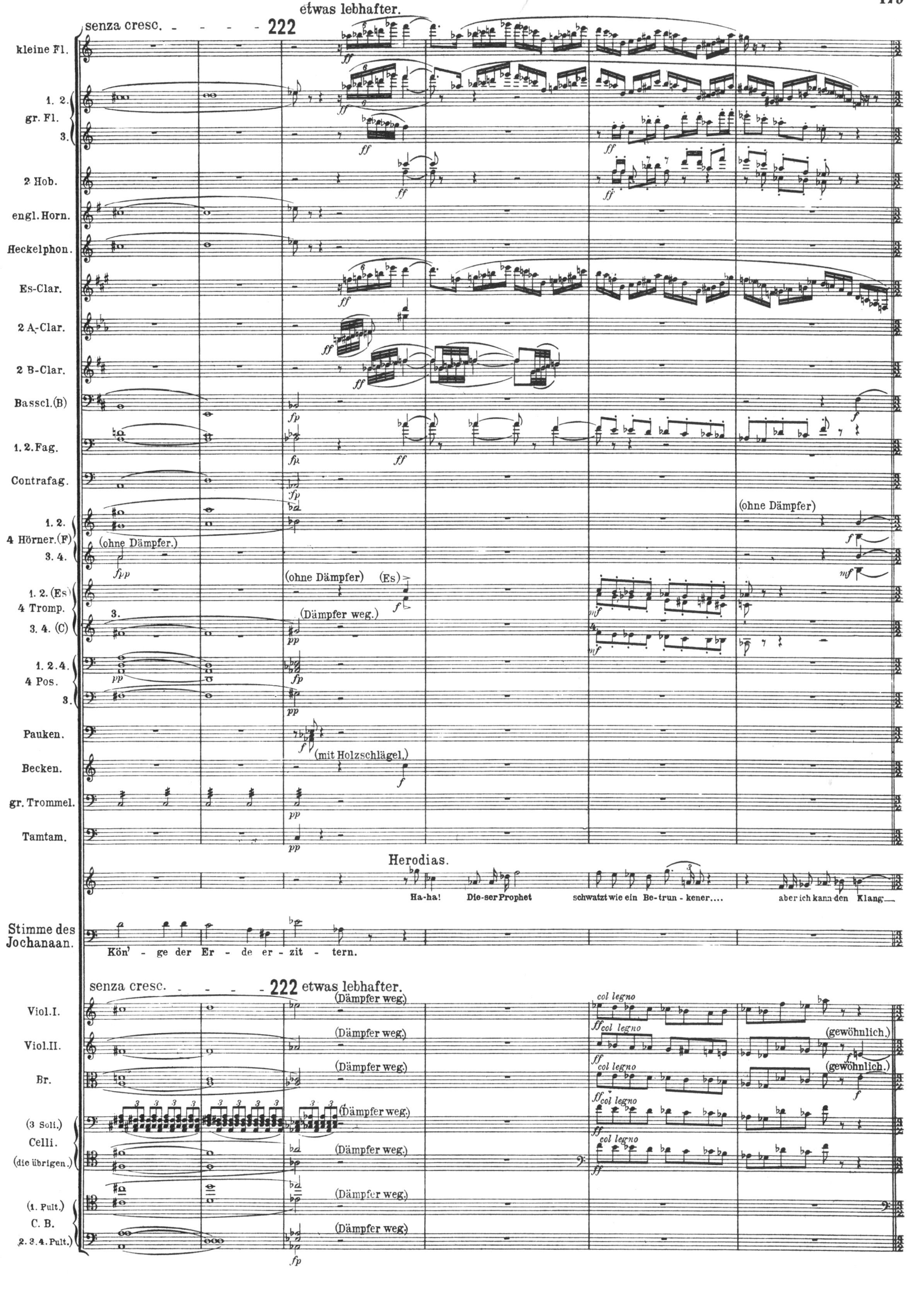

188

this section
"brink of atonality" (Del Mar)

Salomes Tanz.

Section 1.

★) stets mit dem Niederstrich beginnen, niemals als Auftakt behandeln!

wieder a tempo
L
1. 2.
3 gr. Fl.
3.
2 Hob.
engl. Horn.
Heckelphon.
2 A-Clar.
2 B-Clar.
1.
3 Fag.
2. 3.
Contrafag.
1. 2. (F)
4 Hörner.
5. 6. (E)
1. 2.
4 Tromp. (E)
3. 4.
gr. Pauke.
kl. Pauke.
Tamburin.
Triangel.
Becken.
Celesta.
1. Harfe.
2. Harfe.
(3 Soli.)
Viol. I.
(die übrigen.)
(3 Soli.)
Viol. II.
(die übrigen.)
Br.
Celli.
C. B.
(gestopft)
(offen)
(mit Holzschlägel)
flageol.
arco
pizz.
espr.
(ohne Dämpfer)
dim.
wieder a tempo
L

etwas lebhafter
N
kl. Fl.
1. 2.
3 gr. Fl.
3.
2. Hob.
engl. Horn.
Heckelphon.
Es-Clar.
2 A-Clar.
2 B-Clar.
Bassel. (B)
1.
3 Fag.
2. 3.
Contrafag.
1. 2.
6 Hörner. (F)
3. 4.
5. 6.
1. (F)
3 Tromp.
3. 4. (D)
1. 2.
4 Pos.
3. 4.
gr. Pauken.
Tamburin.
Holz u. Strohinstrument.
Castagnetten.
Becken (gewöhnlich) u. gr. Tr.
2 Harfen.
Viol. I.
(3 Soli)
Viol. II.
(die übrigen)
(1. Pult.)
Br.
(2. Pult.)
(die übrigen)
Celli.
C. B.
cresc.
molto dim.
appassionato
marcato
dim.
(ohne Dämpfer)
(in F)
(zusam.)
pizz.
arco
(alle 1. Spieler)
(alle 2. Sp.)
a 2
(ex 2. Narraboth)

1.2.gr. Fl.
2 Hob.
engl. Horn.
Heckelphon.
2 A-Clar.
Bassel. (B)
3 Fag. 1. 2. 3.
6 Hörner (F) 1.2. 3.4. 5.6.
4 Tromp. 1.2. (E) 3.4. (D)
3.4. Pos.
kl. Pauke.
Tamburin.
Triangel.
Castagnetten.
kl. Tr.
Becken.
1. Harfe.
2. Harfe.
Viol. I. (1. Pult) (die übrigen)
Viol. II.
Br. (1. Pult) (die übrigen)
Celli. (3 Soli.) (die übrigen)
C. B.
molto espr.
(mit Dämpfern)
(mit Holzschlägel)
(ohne Dämpf.)
(mit Dämpf.)
pizz.
(ohne Dämpfer)
(dreifach)

Section 2

calando

wieder erstes Zeitmass (ziemlich langsam)

ritard.

h
sempre più accelerando
kl. Fl.
a 2.
1. 2.
3 gr. Fl.
3.
a 2.
2 Hob.
engl. Horn.
Heckelphon.
Es-Clar.
2 A-Clar.
2 B-Clar.
Bassel. (B)
1.
3 Fag.
2. 3.
Contrafag.
(in F)
1. 2. (F)
(in F)
3. 4. (F)
6 Hörner.
5. 6. (F)
1. 2.
4 Tromp. (E)
3. 4.
1. 2.
4 Pos.
3. 4.
Tuba.
gr. Pauke.
Tamburin.
Triangel.
kl. Trommel.
Becken u.
gr. Trommel.
cresc.
glissando
1. Harfe.
2. Harfe.
h
sempre più accelerando
Viol. I.
Viol. II.
Br.
Celli.
C. B.

*) wenn keine Pedalpauken vorhanden, nur die nicht eingeklammerten Noten spielen!

(tr. S5 Kiss of dead Jochanan)

Etwas langsamer.

Etwas langsamer. (Salome verweilt einen Augenblick in visionärer Haltung an der

277

un poco ritard.

288

Herodes.: To-pa-se, gelb wie die Augen der Ti-ger. To-pa-se, hell-rot, wie die Au-gen der Waldtau-be, und grü-ne To-pa-se, wie

288

immer schneller

295

Ich will dir den Man - tel des Ho - henpriesters ge - ben.

langsam

299
ritard
2 Hob.
engl. Horn.
Heckelphon.
2 A-Clar.
2 B-Clar.
Basscl. (B)
1.
3 Fag.
2. 3.
1. 2. (F)
6 Hörner.
3. 4. (F)
5. 6. (C)
(in E)
(in E)
(in D)
1. 2. (C)
4 Tromp.
3. 4. (B)
1. 2.
4 Pos.
3. 4.
Holz u. Stroh-instrument.
Herodes: (matt)
Mansollihrgeben, wassieverlangt! Sieist in Wahr - - heit ihrer Mut-ter
299
ritard.
Viol. I.
Viol. II. (geteilt)
(zus.)
Br.
Celli.
(geteilt.)
C. B.
pizz.
arco
mf espr.
dim.
pp
ff
fff

*) Dieser Ton, statt auf das Griffbrett aufgedrückt zu werden, ist zwischen Daumen und Zeigefinger fest zusammenzuklemmen; mit dem Bogen ein ganz kurzer, scharfer Strich, sodass ein Ton erzeugt wird, der dem unterdrückten Stöhnen und Ächzen eines Weibes ähnelt.

310
311
kl. Flöte.
1. 2.
3 gr. Fl.
3.
2 Hob.
engl. Horn.
Heckelphon.
2 B-Clar.
Basscl. (B)
2. u. 3. Fag.
Contrafag.
1. 2. (in F)
6 Hörner.
3. 4. (in F)
5. 6. (in D)
Pauken.
(zum Pagen)
Salome.
Kommhierher, duwarstderFreunddieses To - ten, nicht? Wohlan, ich sa - ge dir: essindnochnichtgenug To - - te. Geh zu den Sol-
Viol. I.
Viol. II.
Br.
Celli.
C. B.
sfz
dim.
sempre cresc.
p cresc.

Final Scena.

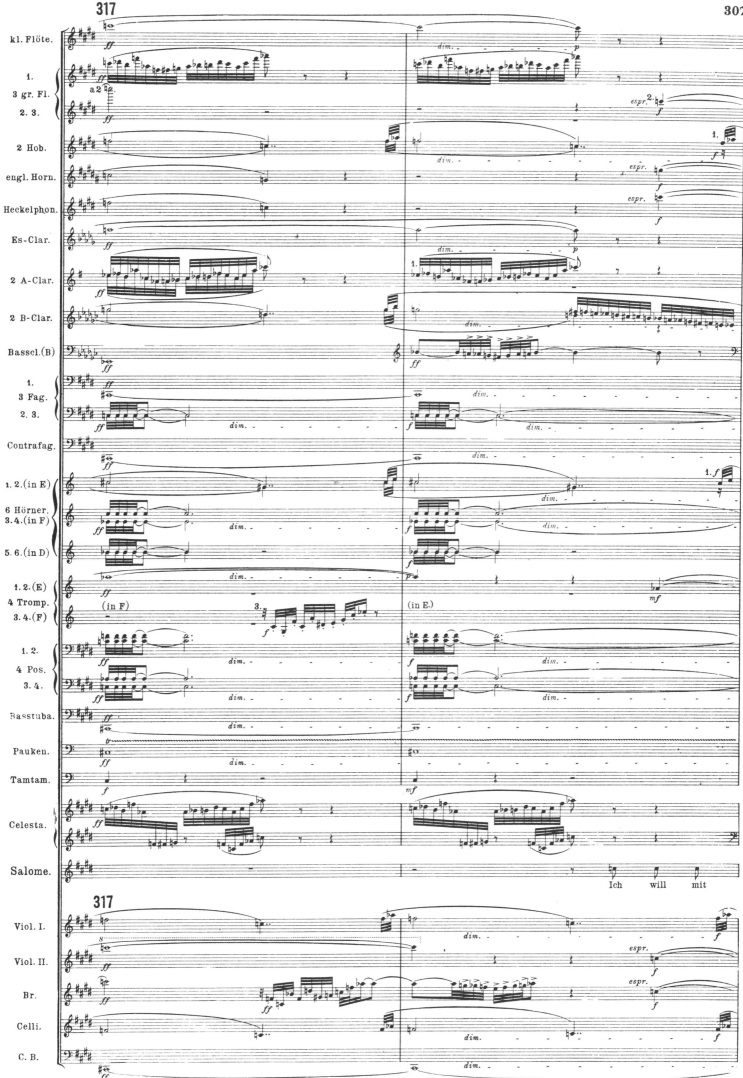

Salome. - naan, diese Scharlachnatter, die ihren Gei - fer ge - gen mich spie. Es ist seltsam, nicht? Wie kommt es, dass diese

330

ziemlich lebhaft

immer bewegter

331

342

Berlin, 20. Juni 1905.